Cómo funcionan los parques de diversiones

Lisa Greathouse

Cómo funcionan los parques de diversiones

Asesor en ciencias
Scot Oschman, Ph.D.

Créditos
Dona Herweck Rice, *Gerente de redacción*; Lee Aucoin, *Directora creativa*; Timothy J. Bradley, *Responsable de ilustraciones*; Conni Medina, M.A.Ed., *Directora editorial*; James Anderson, Katie Das, Torrey Maloof, *Editores asociados*; Rachelle Cracchiolo, M.S.Ed., *Editora comercial*

Teacher Created Materials
5301 Oceanus Drive
Huntington Beach, CA 92649-1030
http://www.tcmpub.com
ISBN 978-1-4333-2146-7

Made in China
YiCai.032019.CA201901471

Tabla de contenido

La ciencia de los parques de diversiones

¿Fuiste alguna vez a un parque de diversiones? Todos los años, millones de personas visitan estos divertidos parques. Casi nadie piensa en la ciencia en un lugar como ése, ¡pero los parques de diversiones no existirían sin ella! De hecho, podríamos considerar los parques de diversiones como enormes laboratorios de ciencias.

¿Te preguntas cómo funcionan las atracciones de los parques de diversiones? ¿Qué es lo que mantiene a las montañas rusas sobre los rieles? ¿Cómo se detiene el juego mecánico de caída libre? ¿Qué es lo que mantiene fija la rueda de la fortuna?

La **mecánica** puede responder la mayoría de estas preguntas. La mecánica es la ciencia que se ocupa del **movimiento**. La mayoría de las personas que trabaja en el diseño de las atracciones son **ingenieros**. Los ingenieros son personas que estudian mecánica.

Disneylandia—inaugurado en Anaheim, California, en 1955—fue el primer parque temático moderno.

¡Más antiguos de lo que crees!

¡Los parques de diversiones existen desde hace más de quinientos años! Pleasure Gardens (Jardines del placer) se inauguró en Europa en el siglo XVI. Allí había juegos, atracciones y música. Coney Island, en Nueva York, fundado en la década de 1870, fue el primer parque de atracciones de Norteamérica. Los parques temáticos modernos aparecieron en 1955. Ése fue el año en que Walt Disney inauguró Disneylandia.

Máquinas simples y compuestas

plano inclinado

Tal vez no se te haya ocurrido pensar en las atracciones de los parques de diversiones como máquinas, pero eso es precisamente lo que son. Las personas utilizan máquinas para que la vida sea más sencilla y también más divertida.

Existen seis tipos de **máquinas simples**. Éstas son la palanca, el **plano inclinado**, la cuña, el tornillo, la polea y la rueda y el eje. Estas máquinas hacen que mover objetos sea más sencillo.

Un plano inclinado no es otra cosa que una rampa. Imagina cargar una caja pesada escaleras arriba. Deslizar la caja por la rampa hace que moverla sea más sencillo. También es más fácil desplazar una caja pesada sobre un carrito que cargarla. El carrito utiliza la rueda y el eje.

Las **máquinas compuestas** se forman mediante la combinación de máquinas simples que trabajan juntas. Estas máquinas pueden llevar a cabo tareas más difíciles de las que pueden realizar las máquinas simples por sí solas. Prácticamente todas las máquinas que conoces son máquinas compuestas. ¡Esto incluye todos los juegos mecánicos de los parques de diversiones!

La rueda de la fortuna

La rueda de la fortuna es un ejemplo excelente de cómo funcionan la rueda y el eje. La estructura de una rueda de la fortuna puede compararse a la de dos llantas de bicicleta. Las ruedas están conectadas al eje por medio de rayos y se mantienen en movimiento gracias al trabajo de los motores. Éstos hacen girar una serie de engranajes, correas y poleas que están interconectados.

¡Máquinas compuestas en acción!

Gira que te gira

El inventor de la rueda de la fortuna fue George W. Ferris, un constructor de puentes. La primera rueda de la fortuna se echó a andar en 1893, en la Feria Mundial de Chicago. (En inglés, esta atracción lleva el nombre de su inventor.)

Una fuerza de la naturaleza

Isaac Newton fue uno de los científicos más famosos de la historia. Era muy bueno a la hora de utilizar la matemática para describir las **fuerzas** que veía en la naturaleza. La rama de la matemática que se utiliza para estudiar el movimiento de los objetos lleva su nombre. Se llama Mecánica newtoniana.

Isaac Newton

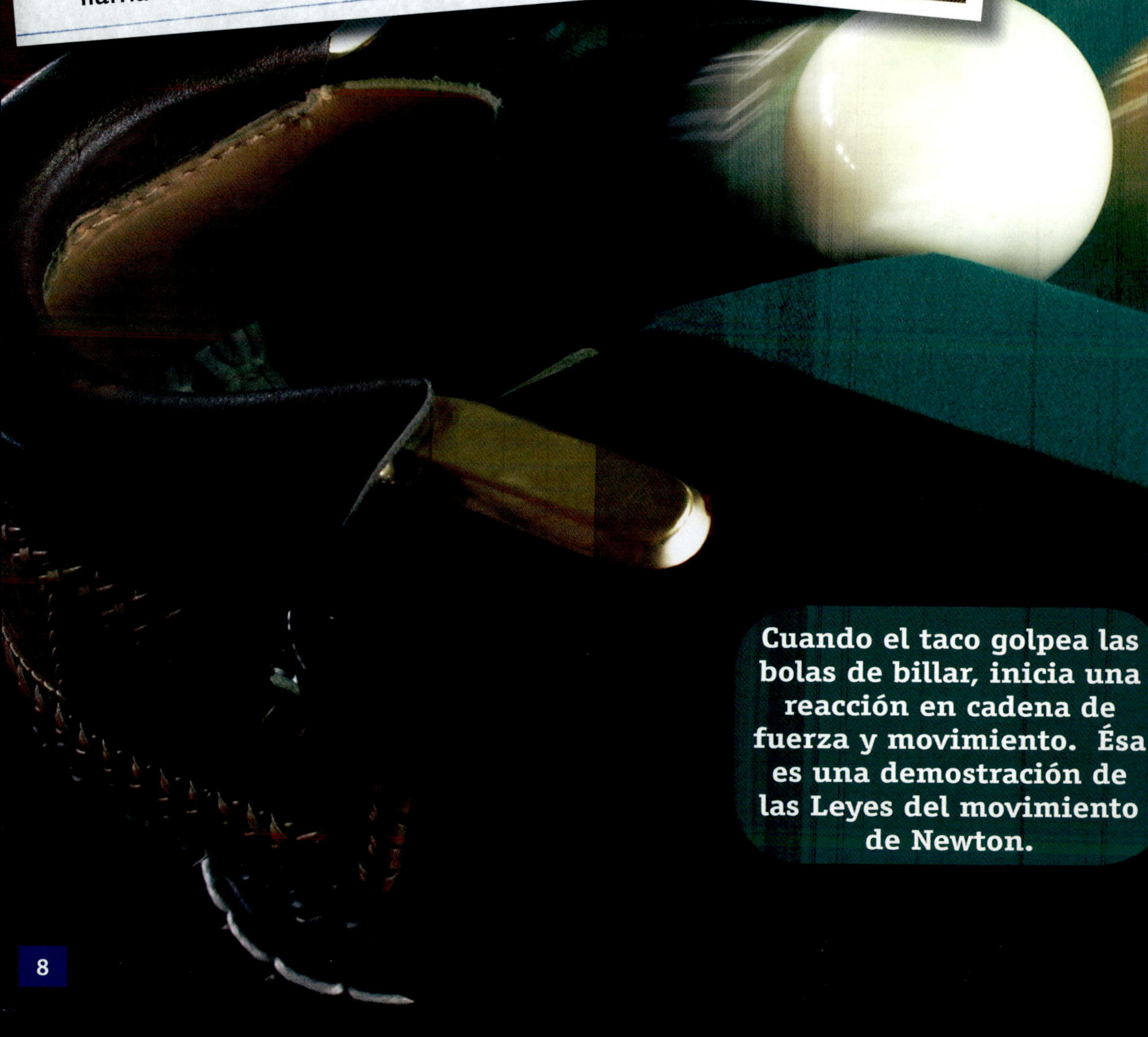

Cuando el taco golpea las bolas de billar, inicia una reacción en cadena de fuerza y movimiento. Ésa es una demostración de las Leyes del movimiento de Newton.

Todo se mueve

Todo se mueve. La Tierra se mueve alrededor del sol. Las plantas crecen. Las células de los seres vivos se mueven. ¡No hay duda de que las atracciones de los parques de diversiones se mueven! Pero no se mueven por sí solas. Para que un objeto se mueva, hace falta fuerza. La fuerza implica un empujón, una atracción o un giro.

Las leyes del movimiento de Newton

Uno de los científicos más conocidos que estudió el movimiento fue Isaac Newton, quien vivió en el siglo XVII. Su trabajo llevó a la formulación de leyes sobre la manera en que se mueven los objetos, las que recibieron el nombre de Leyes del movimiento de Newton. Para diseñar las atracciones de los parques de diversiones, los ingenieros deben conocer estas leyes.

La primera ley dice que un objeto en reposo permanecerá en reposo en tanto no haya una fuerza externa que lo ponga en movimiento. También dice que un objeto en movimiento seguirá moviéndose con la misma **rapidez** y en la misma dirección, a menos que algo se cruce en su camino. Esto quiere decir que si golpeas una bola de billar con un taco y nada se interpone en su camino, ésta rodará y rodará hasta que la fricción disminuya su **velocidad**.

Lo mismo sucede con los carritos chocones. Sin nada que los detenga, seguirán adelante; sin nada que los haga arrancar, permanecerán en reposo.

La segunda ley de Newton explica qué es lo que sucede cuando aplicas una fuerza a un objeto: el objeto acelera o disminuye la velocidad. Cuanto mayor sea la fuerza, mayor será la **aceleración** o **desaceleración** del objeto.

Piensa en un carrito chocón. Cuanto más fuerte lo golpean por detrás, más se mueve hacia adelante. Cuanto más pesado es un objeto, mayor debe ser la fuerza para moverlo. Esto significa que un carrito chocón pesado necesitará una fuerza mayor para moverse que uno liviano.

La tercera ley de Newton afirma que cuando se aplica una fuerza a un objeto, éste aplica una fuerza en la dirección contraria. Piensa en los carritos chocones una vez más. El carro que te golpea también siente una sacudida. Primero se detendrá; luego, podría incluso moverse hacia atrás. Eso se debe a que ese carro reacciona a la fuerza de tu carro.

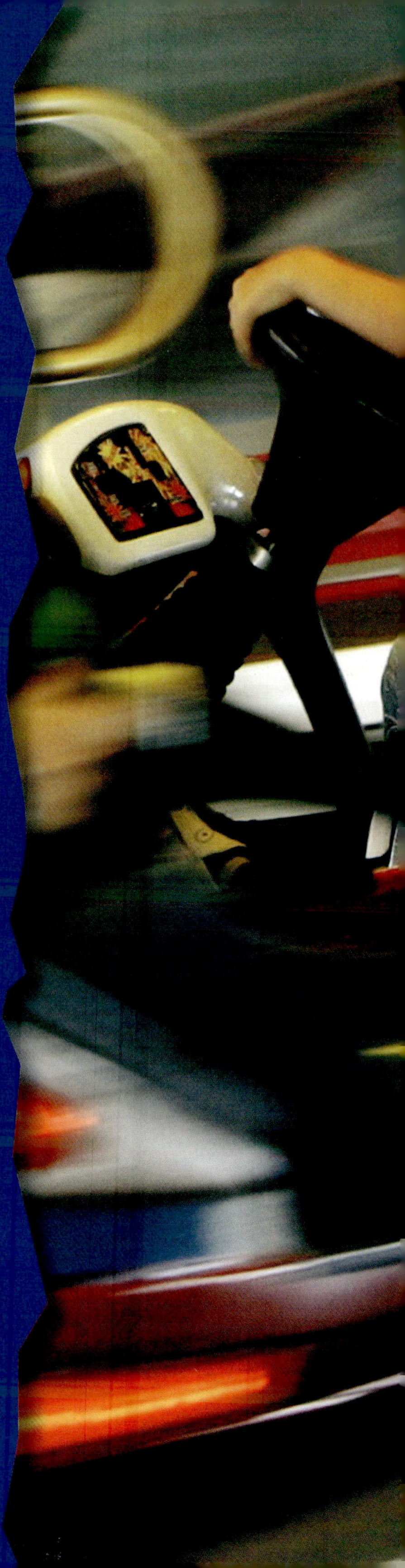

Todas las leyes de Newton pueden verse en acción en la actividad de los carritos chocones.

Todo lo que sube tiene que bajar

Otro tipo de fuerza que mantiene a los objetos en movimiento es la **gravedad**. La gravedad es la fuerza que atrae todo hacia la Tierra. ¡Es la fuerza que te mantiene con los pies en la Tierra! La gravedad es la fuerza involucrada en el juego mecánico de caída libre. Los motores llevan a los participantes a la cima de la torre. Pero la parte más emocionante del juego está basada en la gravedad. Con las piernas colgando, ¡los jugadores caen muy rápido! La atracción se detiene de a poco. Si simplemente cayera hasta el piso de un tirón, los participantes podrían salir lastimados.

Midamos el movimiento

Los ingenieros que trabajan en el diseño de las atracciones deben poder medir el movimiento. Necesitan saber qué tan rápido se moverá la atracción, ya que eso mantendrá seguras a las personas a bordo.

Los conductores también deben poder calcular el movimiento. Los carros miden cosas como la distancia, la rapidez y el tiempo. Si no lo hicieran, no podríamos saber a qué velocidad conducimos ni qué distancia recorremos.

Hay muchas maneras para medir el movimiento de un objeto. Una es por medio de medir su **rapidez**. La rapidez de un objeto es con qué celeridad se mueve. Un carro que se desplaza rápido cubrirá una distancia mayor que un carro más lento en el mismo lapso.

¡Listos, en sus marcas, ya! Para averiguar la rapidez con que se mueve cualquier objeto, divide la distancia recorrida por el tiempo que le tomó llegar hasta allí.

¡La imagen borrosa indica que la atracción se mueve rápido!

Carruseles

Los carruseles no son tan emocionantes como otras atracciones de los parques de diversiones, pero también dependen de las leyes del movimiento de Newton. Tal vez parezca simple, pero todos los caballitos de un carrusel deben recorrer un círculo completo en la misma cantidad de tiempo.

Las montañas rusas más rápidas*

Puesto	Montaña rusa	Velocidad	Ubicación
1.	Ring Racer	217 kph/135 mph	Nürburgring, Renania-Palatinado, Alemania
2.	Kingda Ka	206 kph/128 mph	Six Flags Great Adventure, Nueva Jersey, EE.UU.
3.	Top Thrill Dragster	193 kph/120 mph	Cedar Point, Ohio, EE.UU.
4.	Dodonpa	172 kph/107 mph	Fuji-Q Highland, Yamanashi, Japón
5. (empate)	Superman: The Escape	161 kph/100 mph	Six Flags Magic Mountain, California, EE.UU.
5. (empate)	Tower of Terror	161 kph/100 mph	Dreamworld, Queensland, Australia

* Según base de datos de montañas rusas.

¡Kingda Ka en Six Flags tiene 139 metros (456 pies) de altura!

Velocidad y aceleración

Otra forma de medir el movimiento es la velocidad. Ésta indica cómo cambia la posición de un objeto en el tiempo. La velocidad es un cambio en rapidez y dirección. Piensa por ejemplo en correr en el lugar. Puedes estar moviendo las piernas muy rápido, pero no cambias de lugar. Por ende, ese movimiento tendría una velocidad igual a cero.

Otra magnitud es la aceleración. Muchas personas creen que *aceleración* significa "moverse rápido", pero alguien puede moverse rápido sin acelerar. Un objeto acelera cuando la rapidez con la que se mueve cambia. Si una atracción comienza a moverse hacia adelante, significa que está acelerando. Cuando comienza a disminuir la velocidad, se trata de aceleración negativa. Ésta se llama desaceleración.

Emoción y escalofríos

Algunas personas viajan por todo el mundo para visitar parques de diversiones y hacen fila durante horas para disfrutar de las atracciones por un momento breve. ¿Por qué lo hacen? Para algunos, no hay nada mejor que la montaña rusa. No por nada hay quienes que la llaman "la máquina de los gritos". Los diseñadores de montañas rusas siempre están a la búsqueda de nuevas formas de hacerlas más emocionantes y escalofriantes.

¿Qué hace que una montaña rusa sea más excitante que otra? Para algunos es la pendiente de las caídas. Para otros, la rapidez. Pero la mayoría de las montañas rusas no van más rápido que los carros en la carretera. Lo que hace que el paseo se sienta tan rápido es la aceleración. ¡Algunas montañas rusas nuevas pueden alcanzar velocidades altísimas en apenas dos segundos!

Cyclone, la montaña rusa de madera de Coney Island, en Nueva York, es muy famosa.

¿Madera o acero?

A algunas personas les gustan las montañas rusas de acero. Otras las prefieren de madera. Si buscas la mayor aceleración posible, entonces te convendrá subirte a una de acero. Las montañas rusas de madera no suelen ser tan altas o tan rápidas como las de acero. Además, la mayoría de éstas tampoco tienen rizos. Entonces, ¿por qué a muchos amantes de las emociones fuertes les encantan las montañas rusas de madera? Porque la madera hace que la estructura se bambolee más. ¡Eso sí que da miedo!

La palabra *cinética* viene del término griego que significa "moverse".

La gran caída

Sin importar cuántos rizos o curvas tenga una montaña rusa, una cosa es segura: la primera colina siempre es la más alta. Esto se debe a que la montaña rusa depende de la energía generada en esa primera caída para seguir adelante durante el resto del trayecto. La cima de la primera colina se llama altura de detención. Ésta es la altura desde la que se pone en movimiento el carro, el que nunca puede llegar a un punto más alto que esa altura.

Energía potencial y energía cinética

Las montañas rusas no tienen motores como los de los automóviles. Cuando comienza el paseo, un motor arrastra los carritos hasta la cima de la primera colina. Una vez que llegan allí, los carros hacen solos todo el resto del trabajo.

En ese punto, tienen **energía potencial.** Eso significa que tienen energía almacenada, lo que se debe a la posición en la que se encuentran. Todos los objetos situados en lugares elevados tienen energía potencial. En la cima de la colina, la **gravedad** toma el control: es la responsable de mantener a los carros sobre los rieles mientras éstos bajan las pendientes, giran y recorren los rizos a toda velocidad. La energía potencial se transforma en **energía cinética** cuando los carritos se dirigen colina abajo. Ésta es la energía del movimiento. Cada vez que los carros suben una nueva colina, la energía cinética se vuelve a convertir en **energía potencial**, un ciclo que continúa una y otra vez.

Al final del paseo, los carros se detienen por la acción de los frenos de aire, los que están incorporados directamente en los rieles. Sin lugar a dudas, son una de las partes más importantes de las montañas rusas.

Esa sensación que te tumba

Hay algunas personas que jamás se subirían a una atracción con grandes rizos o caídas en picada: no les gusta cómo esa clase de juegos mecánicos los hacen sentir. Cuando una montaña rusa acelera rápido, es algo que se siente en todo el cuerpo. Todas las partes del cuerpo sufren empujones. Por otra parte, también está la sensación que experimentas cuando el carro de la atracción ruge colina abajo en cuestas muy empinadas. Esa sensación de ingravidez es precisamente el efecto de la gravedad.

Por lo general, todas las partes del cuerpo se empujan entre sí. Eso se debe a la fuerza de gravedad. Cuando caes por una pendiente, todas las partes del cuerpo se desplazan. ¡Hay quienes dicen que se siente como si tuvieran el estómago en la garganta!

La sensación de peligro

Cuando una montaña rusa arranca rápidamente, ¡quedas por completo pegado al asiento! Podrías llegar a sentir que saldrás despedido de la vía en las curvas más cerradas y en los rizos que parecen desafiar a la muerte. Pero lo creas o no, estás más seguro en una montaña rusa que en un carro en la carretera. Los diseñadores de los juegos mecánicos quieren que tengas esa sensación de peligro, pero en realidad las atracciones son muy seguras.

Al diseñar las atracciones, los ingenieros siguen estándares de seguridad para mantenerte a salvo, aun cuando no siempre te sientas seguro en ellas.

Caída libre

En el juego mecánico de caída libre, también se experimenta esa sensación de ingravidez. Estas atracciones tienen tres partes. En primer lugar, un motor lleva el dispositivo hasta lo más alto. Luego, éste se mantiene suspendido en el aire durante unos segundos. Finalmente, tiene lugar la caída. La energía potencial que se había acumulado arriba se transforma así en energía cinética.

La fuerza que te mantiene dentro del carro contrarresta la gravedad. Ambas fuerzas se anulan mutuamente. Esto es lo que genera la sensación de ingravidez. También recibe el nombre de **gravedad cero**. Tienes la sensación de que te estrellarás contra el piso, ¡eso es lo que hace que la atracción sea tan excitante! Por supuesto, no te estrellarás. Hay frenos que hacen que disminuya la velocidad de a poco, hasta que te detienes de manera segura en el suelo.

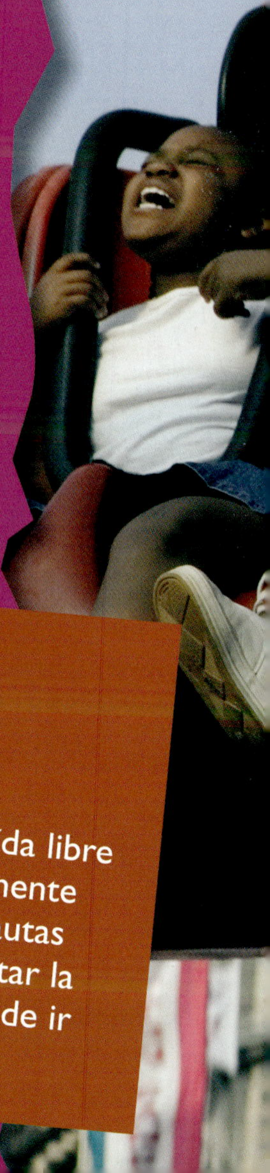

Paseo espacial

Las máquinas de caída libre se crearon originalmente para que los astronautas pudieran experimentar la gravedad cero antes de ir al espacio.

Una sensación de mareo

Algunas personas que se suben a los juegos mecánicos de péndulo tienen una sensación parecida al mareo que se tiene al viajar en el mar. ¡Pero eso no se debe a que la atracción tenga forma de barco! El mareo por movimiento tiene lugar cuando la información que percibes con los ojos no concuerda con la capacidad del oído interno de sentir el movimiento.

Mantén los ojos cerrados o enfocados en un punto lejano e inmóvil para evitar el mareo por movimiento.

Atracciones de péndulo

A algunas personas puede parecerles extraño hacer largas filas para subirse a un columpio gigante. Pero la atracción del péndulo es muy popular.

La mayoría de estas atracciones cuenta con grandes espacios abiertos con asientos. Un ejemplo de esto es el barco pirata. Esta atracción tiene un brazo conectado a un eje. Un extremo de ese brazo sostiene al barco. El otro extremo tiene un contrapeso pesado. Un motor hace que el barco se balancee hacia uno y otro lado. El barco sube cada vez más alto y cobra **impulso**, o velocidad. El barco se columpia tan alto que las personas en él creen que se pondrá de cabeza. De hecho, algunos juegos mecánicos de péndulo dibujan un círculo completo. ¡Cuando están cabeza abajo, los participantes tienen otra vez esa sensación de ingravidez!

¡No pierdas tu almuerzo! Cuando atraviesas una experiencia de gravedad cero, tus entrañas se mueven. ¡Asegúrate de no comer mucho antes de subirte a un péndulo!

juego mecánico de realidad virtual en Japón

Las atracciones del futuro

¡En el futuro, puede ser que haya atracciones diseñadas especialmente para ti! Los diseñadores están incorporando elementos de los juegos de video en sus atracciones. De esta manera, las personas con distintas habilidades tendrán experiencias diferentes al subir a las atracciones.

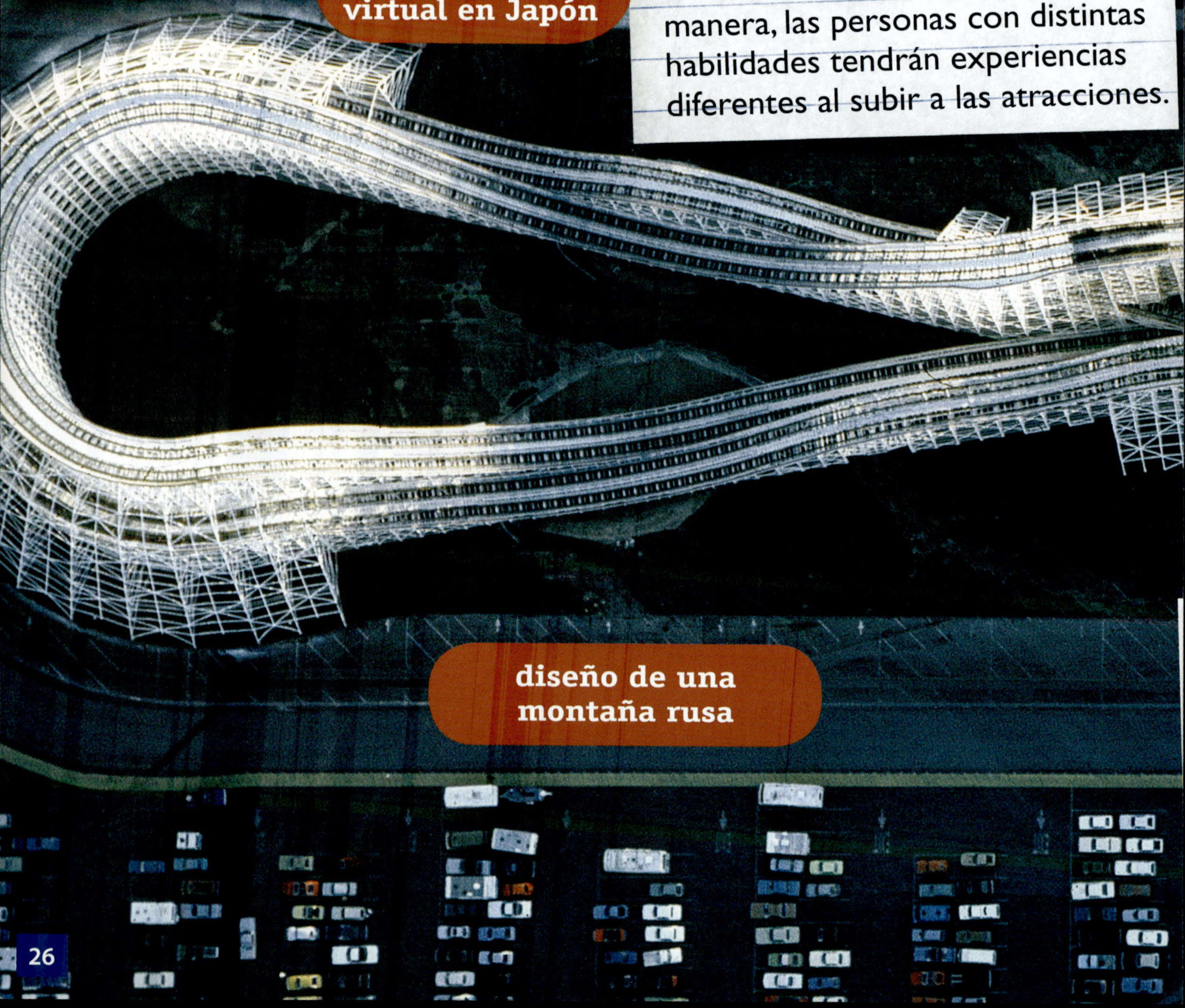

diseño de una montaña rusa

¿Serás tú quien construya la próxima mega-atracción?

¿Te encantan los parques de diversiones? ¿Tienes una idea para un juego mecánico emocionante? La mayoría de las personas que diseñan atracciones estudian ingeniería, y muchas estudian matemática. Además, son muy creativas.

Para diseñar una atracción para un parque de diversiones, es necesario trabajar en equipo. Primero se hace un diseño en papel. Luego se hacen maquetas. Los ingenieros trabajan en conjunto con artistas y **arquitectos**. Los arquitectos son quienes trazan los planos para construir cosas. En estos proyectos, diferentes clases de ingenieros deben trabajar juntos.

Los ingenieros resuelven problemas. Su objetivo es hacer que las atracciones sean lo más emocionantes y divertidas posibles, sin descuidar la seguridad de las personas que suben a ellas.

Este ingeniero trabaja sobre una figura robótica para una nueva atracción.

Laboratorio: Haz tu propio molinete

Un molinete es un ejemplo de una máquina simple. Básicamente, se trata de una rueda y un eje. Para girar, los molinetes utilizan al viento como fuente de energía.

Materiales

- un lápiz con punta afilada
- tijeras
- papel de construcción blanco
- regla
- una grapa para papel
- un popote (pajilla) de plástico
- crayones, lápices de colores o marcadores

Procedimiento:

1. Corta un cuadrado de papel de construcción de 17.5 cm x 17.5 cm (7 pulgadas por 7 pulgadas).
2. Decora ambos lados del papel con los crayones, marcadores o lápices de colores.
3. Ubica una regla de manera diagonal sobre el cuadrado de papel, desde una esquina hasta la esquina opuesta. Sigue la línea diagonal que marca la regla y traza una línea de 7.5 cm (3 pulgadas) hacia el centro. Repite esto desde todas las esquinas, de manera que te queden cuatro líneas hacia el centro del cuadrado.

4. Dibuja un circulito a la izquierda de cada línea, cerca del borde del papel.

5. Corta por cada una de las líneas que trazaste, pero no llegues con la tijera hasta el centro del cuadrado.

6. Lleva las esquinas hacia el centro y haz que los cuatro círculos se encuentren en el centro del cuadrado.

7. Pasa los extremos de la grapa para papel por los círculos y empújala a través del centro.

8. Utiliza el lápiz con punta afilada para hacer un agujero en el popote, a alrededor de 1.25 cm (0.5 pulgadas) del borde superior.

9. Coloca el popote en la parte trasera de tu molinete y pasa los extremos de la grapa por el agujero que hiciste en él. Abre los extremos de la grapa en direcciones opuestas y aplánalos.

10. Ahora, todo lo que necesitas es una suave brisa que haga girar tu nuevo molinete.

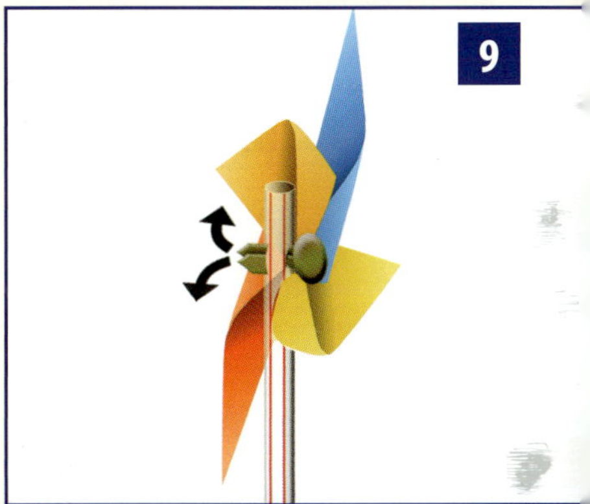

Glosario

aceleración—cambio en la velocidad

arquitectos—la gente que diseña edificios u otras estructuras

desaceleración—reducción de la velocidad

energía cinética—energía del movimiento

energía potencial—energía almacenada

fuerzas—empujes o atracciones que hacen que las cosas se muevan

gravedad—fuerza mediante la que los objetos se atraen entre sí

gravedad cero—ausencia de la gravedad; ingravidez

impulso—fuerza o rapidez del movimiento

ingenieros—la gente que planifica, construye o maneja un proyecto

máquinas compuestas—la combinación de dos o más máquinas simples que trabajan juntas

máquinas simples—máquinas que usan un movimiento para facilitar el trabajo

mecánica—rama de la ciencia que se ocupa del movimiento

movimiento—cambio de posición

plano inclinado—máquina simple para elevar objetos

rapidez—celeridad con la que se mueve un objeto

velocidad—magnitud que expresa un cambio de posición en el tiempo

Índice

Científicos de ayer y de hoy

Augusta Ada King, Condesa de Lovelace
(1815–1852)

A la condesa de Lovelace se la conoce por haber ideado la máquina analítica, un modelo primitivo de computadora. La condesa escribió un completo conjunto de instrucciones para esta máquina. ¡Se considera que sus instrucciones fueron el primer programa de computadora del mundo!

Chavon Grande
(1978–)

Chavon Grande es ingeniera. Los ingenieros diseñan y construyen cosas. ¡Las atracciones de los parques de diversiones son sólo una de las tantas cosas que Grande hizo hasta ahora! En la actualidad, diseña muchas clases de estructuras. Una de sus principales tareas es asegurarse de que las estructuras protejan y respeten el medio ambiente.

Créditos de las imágenes

Portada: Sergey I/Shutterstock; p.1: Sergey I/Shutterstock; p.3-4 (arriba): Petr Nad/Shutterstock; p.3-4 (abajo): Hulton Archive/Getty Images; p.6-7: (arriba) David R. Frazier/Photo Researchers, Inc.; p.6-7: Racheal Grazias/Shutterstock; p.7: The Granger Collection, Nueva York; p.8: B. Sanerson/Photo Researchers, Inc.; p.8-9: terekhov igor/Shutterstock; p.10-11: Newscom; p.11: Herbert Kehrer/zefa/Corbis; p.11: jaddingt/Shutterstock; p.12-13: Filip Fuxa/Shutterstock; p.12: Juriah Mosin/Shutterstock; p.14-15: iStockphoto; p.15: Six Flags / Splash News/Newscom; p.16 (arriba): Randy Faris/Corbis; p.16: ZUMA Press/Newcom; p.16-17: Getty Images; p.18-19: Jupiterimages Corporation; p.18-19 (pequeña): Kenneth Denton; p.20-21: WizData, Inc./Shutterstock; p.21: NASA; p.22: Charles O. Cecil/Alamy; p.22-23: Ted Pink/Alamy; p.24: Getty Images; p.24-25: Alamy; p.25: Alamy; p.26-27: Georg Gerster/Photo Researchers, Inc.; p.26-27 (arriba): Michael S. Yamashita/CORBIS; p.27: J. Emilio Flores/The New York Times/Redux; p.29: kazberry/Shutterstock; p.32 (izquierda): National Physical Gallery, Teddington; p.32 (derecha): Rick Reason.